Alessandro Stephan

Mensch und Umwelt

- 50 Gedichte -

Alessandro Stephan

Mensch und Umwelt

- 50 Gedichte -

Bibliografische Information der Deutschen Nationalbibliothek: Die
Deutsche Nationalbibliothek verzeichnet diese Publikation in der
Deutschen Nationalbiografie; detaillierte bibliografische Daten sind
im Internet über dnb.dnb.de abrufbar.

Illustration: Paula Regine Erb
Coverdesign: Bastian Stock
Fotografie: Laura Orchner und Bastian Stock

Herstellung und Verlag:
BoD – Books on Demand, Norderstedt

ISBN: 978-3-750-46857-3

Von der Vergangenheit
in der Gegenwart
für die Zukunft

Jetzt

Vor uns ein weites, offenes Land
und neue Wege gilt es zu gehen.
Mit keiner Karte in unserer Hand
bleiben wir ratlos auf der Stelle stehen.

Endlich ist die Menschheit nun geeint
durch Angst, welche wohnt in uns allen.
Sie vertreiben, sodass Mut in uns scheint,
ist schwerer als gänzlich zu zerfallen.

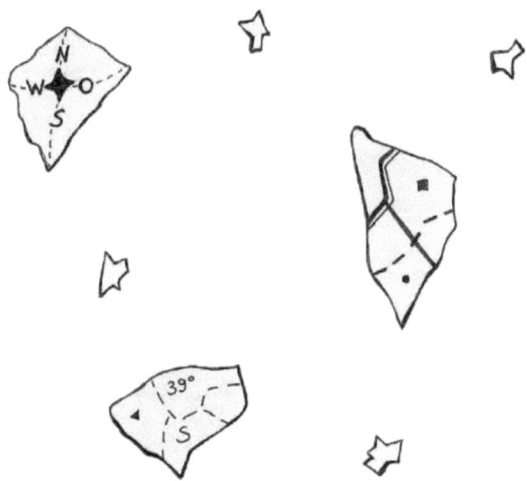

Ein Privileg

hier ist
hier herrscht
Privatbesitz

das ist
das bleibt
(K)Ein Durchgang

das gilt
das gilt nicht
Nur für Gäste

Eingeengt

In diesem Rahmen eine Enge
wie ein hölzerner Sarg,
in dem das Leben karg,
genagelt durch etliche Zwänge.

Die Feuer unserer Herzen toben
bis alle Grenzen gesprengt,
der Druck hier zerstoben,
Freiheit nicht verdrängt.

Spuren im Sand

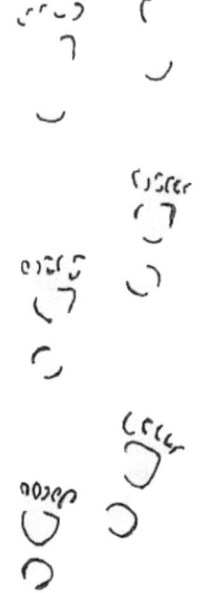

Heiß glüht das gelbe Meer;
zwischen Dünen und Bergen
folgen Menschen alten Fährten
- doch war abseits irgendwer?

Scharf schneidender Wind,
der Atem der Zeit,
verweht in die Ewigkeit
Spuren, die noch sind.

Auch alte Wege verschwinden,
wenn niemand darauf geht,
der Mensch im Kreis sich dreht,
neue gilt es zu finden.

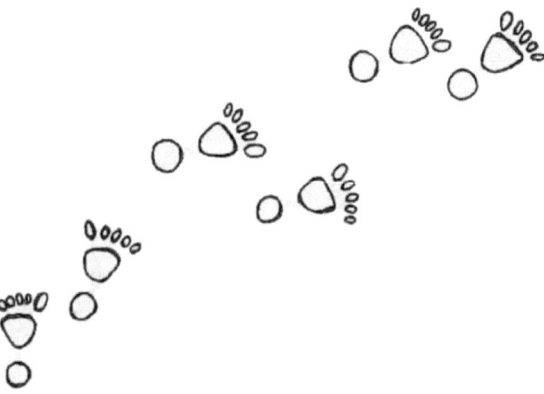

Traum von Zukunft

Die Tristesse aus den Seelen!
Die Trauer aus den Köpfen!
Wir können heut' noch wählen,
neue Welt aus uns schöpfen!

Dunkle Wolken zieh'n wohl auf,
doch die Flamme in uns brennt:
Nun lauf dorthin, Traum, oh lauf,
wo man keine Zweifel kennt!

Flieg wie der Ketten Glieder!
Du kannst alles gewinnen!
Mal' Zukunft immer wieder:
Sie kann uns nicht entrinnen!

Engel und Teufel

Wir heißen sie Engel,
wir heißen sie Teufel.
Sie tanzen, tanzen miteinander.

Wir heißen sie Engel,
wir heißen sie Teufel.
Sie küssen, küssen einander.

Wir heißen sie Engel,
wir heißen sie Teufel.
Sie schlafen, schlafen miteinander.

Wir heißen uns nicht Engel,
wir heißen uns nicht Teufel,
wir heißen uns Mensch.

Wertschätzung

Das Leben reißt uns in Fetzen,
die Welt bricht auseinander,
Wandel ereilt uns unverhofft.
Wir drohen nachzugeben:
Irren durch das Grau allzu oft,
achten kaum aufeinander.
Wissen wir uns noch zu schätzen?

Verheißung

Ich für mich
heißt
Du für Dich
heißt
alle für sich.

Die Arbeit für sich
heißt
Verantwortung für sich
heißt
selbst schuld sein.

Alle sind gleich
heißt
niemand ist gleich
heißt
Du bist anders.

Wirtschaftsmensch

Ich rechne
nur Gewinn und Verlust,
nur pro und nur contra,
nur Kosten und Nutzen,
nur mit irrationaler Rationalität.

Nur der Wettbewerb formt Gesellschaft
und die Gesellschaft ist nur der Markt
und nur der Markt bestimmt den Preis
und nur ein Preis hat einen Wert.

Ich rechne;
doch wenn ich frage
nach Werten ohne Preis,
denke ich.

Wertbewerb

Überall herrscht Konkurrenz,
immer muss ich mich optimieren,
mich der Selbstverwirklichung anpassen.

Verkaufe ich mich richtig?
Wettbewerb organisiert
mein Handeln und Leben.

Ich bin nichts wert
als Mensch allein;
was ist der Preis?

Überall herrscht Konkurrenz,
die uns teilt und leitet,
sagt, wer wertvoll ist.

Wir, der Markt

Wir brauchen
kein Bewusstsein,
keinen Willen,
nur den Markt.

Wir sehen
keine Werte,
keinen Diskurs,
nur den Preis.

Wir ergründen
nicht politisch,
nicht gemeinsam,
nur ökonomisch.

Wir erhalten
keine Umwelt,
keine Gesellschaft,
nur den Markt.

Wir sagen,
der Markt diktiert,
doch wer gab
ihm eine Stimme?

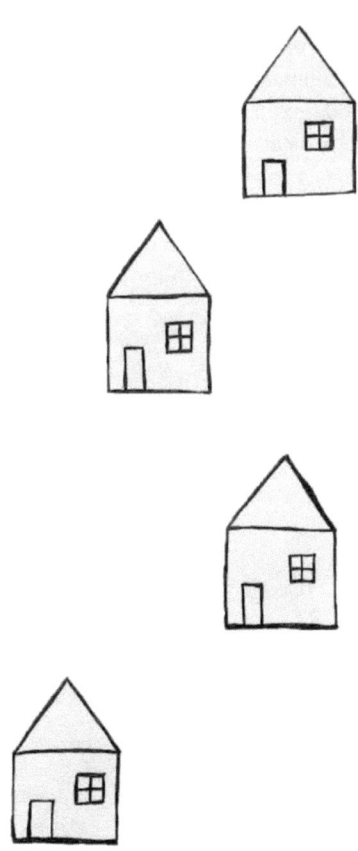

Lächerliches Gebet

Oh Markt,
du allwissendes, allumfassendes Bewusstsein,
verwalte und verhandle unser Wissen,
entscheide über dessen Wert und Dauer.
Nur Preis sei unser Wert,
du allein die Gesellschaft.
Und letztlich sei blind,
sehe nicht,
was es neben dir gibt.
Konvertiere uns alle
zu Zahlen,
ob es rational ist
oder nicht.

Glauben

Soll ich glauben voller Zuversicht?
Gleich dem Glauben im Herdenleben,
welcher mir erscheint als ein Irrlicht,
doch standhält jedem Erdenbeben?

Wir werden nie zufrieden und satt.
Mit vollen Händen, leeren Herzen
sind wir der Menschheit große Richtstatt;
vollkommen betäubt, ohne Schmerzen.

Wir fliegen hoch in totalem Rausch
mit papiernen Flügeln, die brennen,
wenn die Mutter Erde steht zum Tausch
gegen Unheil, das wir verkennen.

So sage mir, wie soll ich glauben?
Nicht mehr mit vielen Zweifeln ringen,
wenn wir Natur und Mensch ausrauben?
Wie soll die Zukunft nicht zerspringen?

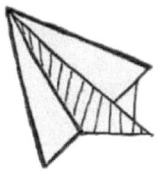

Zweite Gewaltenteilung?

Sind Markt und Gesellschaft eins,
wer verhandelt das Recht?
Sind Recht und Markt eins,
wer regelt die Gesellschaft?
Sind Gesellschaft und Recht eins,
wer reguliert den Markt?

Wo bleibt unser Retter?
Sind sie eins
– Markt und Gesellschaft und Recht –
sind sie getrennt:
Wie lösen wir Probleme?

Kriechen

Gehetzt pulsieren wir
unter Last wie ein Tier.
Ein Leben, um zu arbeiten
zu allen Tagesnachtzeiten;
keine Arbeit, um zu leben,
nur noch mehr aufgeben.
Der Mensch gilt nicht,
Ungeziefer hat kein Gesicht.

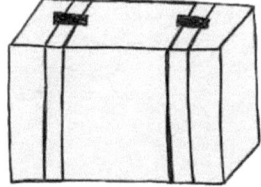

Nur schlucken

Schluck das Wasser, schluck das Brot,
schluck das Leben, schluck den Tod.
Schluck alles, so das Gebot.

Kaue nicht, schlucke nur schnell.
Innen Leere schwarz, nicht hell,
der Zwang nach mehr schreit so grell.

Hoffe, dass sich nichts bewegt,
dass sich Zweifel wieder legt
und sich nichts in dir regt.

Möglichkeiten tauschen

Manchen müsste man
Möglichkeiten nehmen,
manchen müsste man
Möglichkeiten geben.

Gereicht die Freiheit
manchen zum Wirren,
gereicht ihnen Enge
zu Klarheit und Halt,
während die Enge
mancher Existenz droht,
gereicht die Freiheit
dort zum Leben.

Manchen müsste man
Möglichkeiten geben,
manchen müsste man
Möglichkeiten nehmen.

Alltag

Rauschen.
Alltag.
Monotonie.
Züge fahren getaktet
wie die Zeit unsrer Leben.

Wiederholung.
Ständig.
Gleich.
Abweichungen sind marginal,
meist nur etwas verpassend.

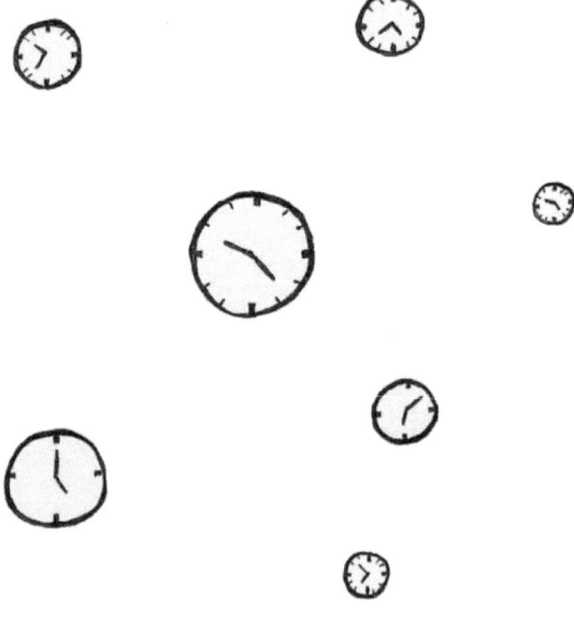

Trost

Iss dich satt.
Trink dich voll.
Rauch dich froh.

Friss Dich satt!
Sauf' Dich voll!
Dröhn' Dich froh!

Flieh!

wahr oder falsch

eins null eins null eins null eins

hier im algorithmus
ist alles zerlegt
in zahl und formel

null eins null eins null eins null

hier wird alles
menschen ziele kriterien
zur zahl

eins null eins null eins null eins

codiert
enthumanisiert
irrationalisiert

eins oder null oder null oder eins

Öffentlichkeit, gefiltert

Ich teile meine Meinung mit,
meine Meinung kommt zurück,
sie wird nicht gehört.

Du teilst Deine Meinung mit,
Deine Meinung kommt zurück,
sie wird nicht gehört.

Wir teilen unsere Meinung mit,
doch sprechen nicht miteinander,
finden keinen Konsens zusammen,
hören nur den Widerhall unserer Meinung.

Wohlstand ungleich Glück

Wir suchen nicht das Glück,
sondern den Wohlstand.

Das Kleine bestimmt das Große:
Die Art und Weise des Handelns
die Art und Weise des Wandelns.

Wir streben nicht nach Glück,
sondern nach Wohlstand.

Im Namen der Freiheit:
Grenzen auf für Waren,
bei Menschen Grenzen dicht.

Wir trachten nicht nach Glück,
sondern nach Wohlstand.

Handlungsanweisung zur Problemlösung:
Dient die Formel dem Menschen,
dient der Mensch der Formel?

Preis-Leistungs-Verhältnis

Wir
leisten etwas
können etwas leisten
müssen etwas leisten

Was
leisten wir?

Wir
leisten uns etwas
können uns etwas leisten
müssen uns etwas leisten

Was
leisten wir uns?

Wir
müssen etwas leisten können
Wir
müssen uns etwas leisten können

Was?

Differenz

Sortierung
nützlich – oder nicht

von Menschen
leistungsstark – oder nicht

in Zahlen
wirtschaftlich – oder nicht

zur Klassifikation
wertvoll – oder nicht

und Exklusion
menschlich – oder nicht

 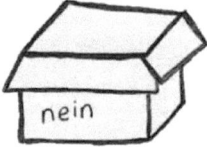

Schlechte Welt

„Oh, die Welt ist schlecht"
lässt sich so einfach sagen,
alles leichter tragen,
doch werden wir uns gerecht?

Das Schlechte in der Welt
ist das Schlechte in uns selbst:
Ob Du Dir gefällst,
es bleibt, wie es sich verhält.

Die Welt vor Dir begann,
bist in Klage gefangen;
nicht nur um sie bangen:
Bei Dir fängt Wandel an!

Schein

Es scheint der Schädel zu bersten
in einem Leben zwischen Eil' und Hast
und bisweilen liegt bei Nacht die Last
auf dem wachenden Kopfe am schwersten.

Es scheint auch die Luft zu weichen
aus Lungen, die nach Freiheit rufen,
und so fragen Menschen aller Stufen,
ob ihre Kraft bis zuletzt wird reichen.

Es scheint der Körper wie aus Blei,
unbeweglich durch alltäglichen Trott,
der nötig, zu entgehen dem Schafott,
von welchem kein Mensch ist frei.

Es scheint kein Ende in Sicht
der Leiden von fern, was viele nicht seh'n,
der Leiden hier, die viele nicht versteh'n.
Doch ist kein Schatten ohne Licht.

Keine Angst und Bange

Regen über diesem Land,
das manchen mehr als Erde,
Stein oder Wälder und Strand.

Die Geburt auf diesem Fleck
wird für sie zum Unterschied
zwischen echtem Mensch und Dreck.

Gar ganz ohne Unterlass
schreit und speit aus jedem Lied
brauner Staub und blanker Hass.

Verblendet man im Wahn irrt,
sodass Verstand und Herz flieht,
andern angst und bange wird.

Sie wollen sich einschleichen,
doch damit dies nicht werde:
Es darf niemand mehr weichen!

Extreme

Wenn die Sonne halb am Himmel steht
- wird es Tag oder Nacht?

Wenn sie hassen, hetzen, töten wollen
- wer ist dagegen oder dafür?

Wenn das Feuer brennt
- wird es erlöschen oder sich verbreiten?

Wenn nun noch die Wahl besteht
- willst Du leben oder sterben?

Keins von beidem

In enge Korsette gezwängt,
gedrückt und starr gezurrt.
Ein Leitbild den Verstand beschränkt,
obschon alt und absurd.

Hier nur die Frau, dort nur der Mann:
Nichts sonst erscheint löblich,
doch viele Menschen trifft der Bann
und nichts sonst ist möglich.

„Nie haben sie sich so vermehrt,
es war früher besser."
Ein Leidbild vielen Glück verwehrt,
im Herz steckt ein Messer.

Abweisung

Stoßt sie aus,
stoßt sie von Booten,
was kümmern mich die Toten?

Lasst sie treiben,
lasst sie im Meer aufweichen,
was kümmern mich die Leichen?

Lasst uns wegsehen,
lasst uns Verantwortung meiden,
was kümmern mich die Leiden?

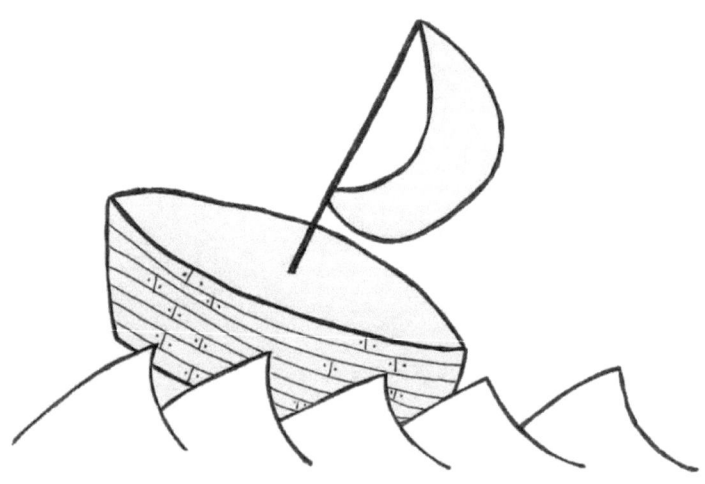

Kriegsende

Wer sieht das Ende
des Krieges?

Sie, die Toten,
sehen es einmal.
Sie, die Lebenden,
sehen es immer wieder.

Sie, die Toten,
sehen ein Ende.
Sie, die Lebenden,
sehen viele Enden.

Wer sieht das Ende
des Krieges?

Wir im Frieden nur
sehen nichts,
sehen das Ende.

Nach Qualifikation

Freiheit für
Abschiebung nach
Qualifikation.

Selektion nach
Qualifikation zu
Integration.

Qualifikation zu
Arbeit für
Existenz.

Brand

Suche nach Identität,
konstruiere eine Herkunft,
definiere eine Nation,

aber vor allem grenze ab,
schließe aus und verachte,
vertreibe und zünde an.

Aus Identitätsstiftung
wird Brandstiftung,
Verrat an sich als Mensch.

Wir wussten alles

Im Bewusstsein an die
Opfer der Shoah

Wir wissen alles,
uns ist alles bewusst,
doch werden wir gefragt,
wissen wir nichts.
Nie gesehen, nie gehört,
nie gerührt, nie gestört.

Wir wussten alles,
uns war alles bewusst,
doch wurden wir gefragt,
wussten wir nichts.
Nie gesehen, nie gehört,
nie gerührt, nie gestört.

Wir wussten alles,
uns war alles bewusst,
doch werden wir gefragt,
wussten wir nichts.
Nie gesehen, nie gehört,
nie gerührt, nie gestört.

Blut und Boden

Sie sprechen von ihrem Blut,
bestehen auf ihren Boden,
warnen vor Menschen als Flut,
sterben in ihren „Volkstoden".

Befremdlich ist jedes Wort;
erkenne nichts, was sie sagen:
Boden ist Dreck an jedem Ort,
Blut wird nur vom Herz geschlagen.

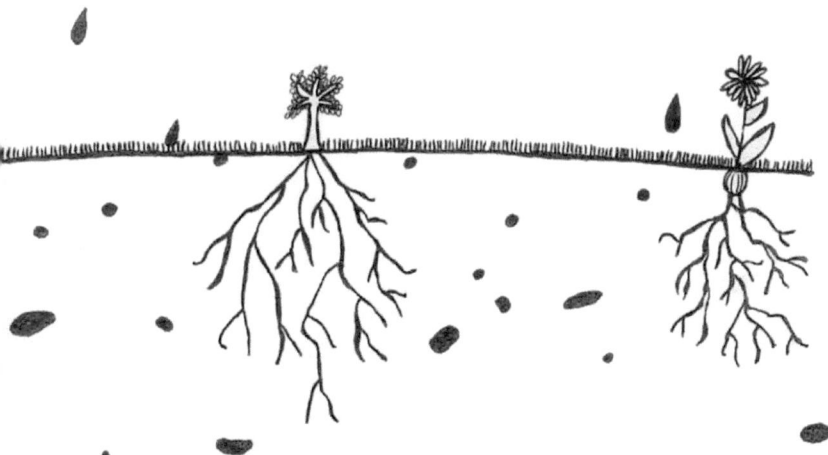

Widergeburt

Sie sich so gebaren
als wolle man Altes
wiedergebären.

Doch sie uns gebären,
die wir festen Haltes
wider das Gebaren.

Unsere Hoffnung

Wir sind nicht ganz verloren,
solange wir zusammenstehen,
gemeinsam durch das Dunkel gehen.

Mein Ruf in andrer Ohren,
in den meinen schallt ein Antworten;
so wir vereint die Hoffnung horten.

Menschen allein geboren,
doch im Leben Brüder und Schwestern
heute und morgen, nicht nur gestern!

Wie wir starr festgefroren
so uns zueinander bekennen
und gemeinsam dies Eis verbrennen.

Der Traumbildzeichner

Ich nehme einen Stift zur Hand,
entwerfe erste Konturen
einer alten Welt: Neuland,
wo noch keine Wagen fuhren.

Vor den Augen ein klares Bild,
alles stellt sich natürlich dar:
Hier die Bäume, dazwischen Wild.
Es scheint gänzlich unverwundbar.

Welch Schmach dies doch nun für mich ist!
All der Farben Hauch wird bald schwach,
wenn der Mensch grüne Lungen frisst.
So platzt auch mein Traum – tausendfach.

Eine Natur des Menschen

Der Mensch spielt mit dem Feuer
bis alle Welt in Flammen steht.
Er ist für sie ein Ungeheuer,
das mit sich selbst untergeht.

In seiner Natur: Rauben, Brandschatzen
und seine Heimat restlos ausweiden.
An reichem Tische hört man Schmatzen,
als andere schweren Hunger leiden.

Oh, welch gewaltiges Wissen!
Oh, welch grässliche Taten!
Alles ist bald verschlissen,
ein Niedergang auf Raten.

Profit über allem

Die Wälder brennen,
das Eis schmilzt,
das Meer verschmutzt,
der Planet erstickt,

die Tiere sterben,
die Menschen töten,
die Kinder arbeiten,

das Wir verkümmert,
das Ich zweifelt,

der Profit steigt.

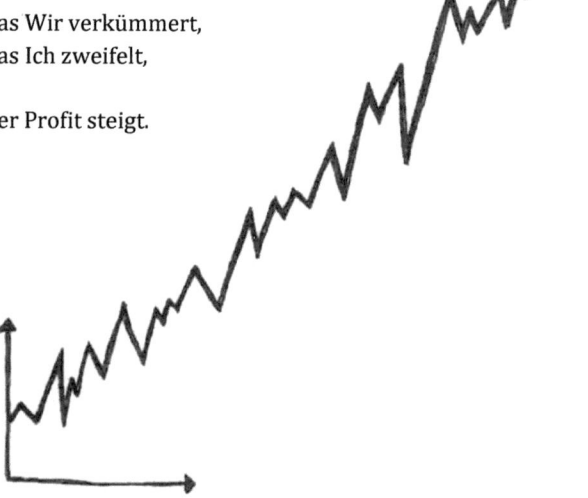

Unser Erbe

Erbe nehmen, Erbe lassen.
Man erwarb
Wissen und Technologie.

Erbe nehmen, Erbe lassen.
Wir vermehren
Geld und Schaden.

Erbe nehmen, Erbe lassen.
Sie bekommen
Gift und Rauch.

Im Erbe gefangen
oder
das Erbe nutzen.

Der Ausbeuter und der Tod

Dem mittelalterlichen Dichter
Johannes von Tepl gewidmet

Ein Mensch grub in schlafender Erde nach Kohle;
darum ward ihm seine Luft verschmutzt.

Ein Mensch fällte einen Baum;
noch heute ist er atemlos darum.

Ein Mensch entflammte das Öl, das nicht brennen sollte;
immer muss er in des Feuers Dunst keuchen.

Also will er an der Natur reiben.
Doch glaube mir:
Mensch bleibe Mensch,
Natur bleibe Natur.

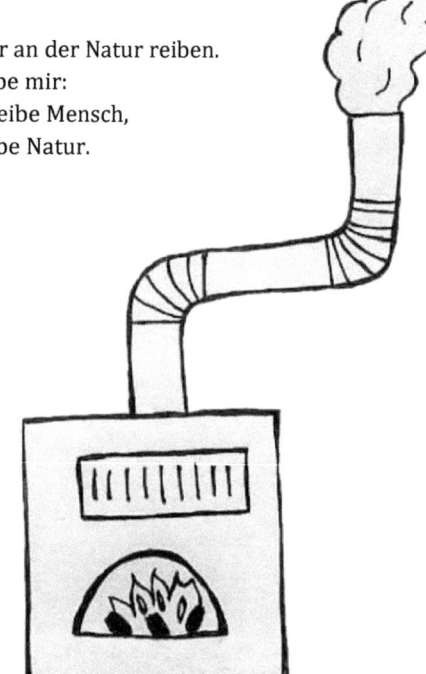

Die Ausbeuter und der Tod

Dem mittelalterlichen Dichter
Johannes von Tepl gewidmet

Wir wollen verkennen, dass wir
schlecht wägen,
schlecht richten,
schlecht verfahren
in der Welt:

Allen Artenreichtum schonen,
warnende Anzeichen beachten,
bei keiner Zerstörung wegsehen,
Brand, Raub, Roden, Verwüstung und Rohheit doch wägen.

Wir tun nach der Natur,
die gebietet über Gleich- und Ungleichgewicht:
Wir setzen über gleich und ungleich unsere Ansicht.

Alles Sein, das die Natur zusammenfügt,
muss sich uns aufteilen und ergeben.

Kreislauf des Plastiks

Es kommt wieder, es kommt wieder,
kein Entrinnen.
Kurzer Gebrauch, dann weggeworfen,
kein Verschwinden.
Es kommt wieder, es kommt wieder,
kein Entrinnen.

All das

All der Schmutz in den Meeren
stammt von uns, Dir und mir,
doch wir neuen gebären.

All die Bäume der Tropen
fallen wegen uns, Dir und mir,
doch wir den Umsatz loben.

All das Öl, schwarz und schwer,
geholt von uns, Dir und mir,
doch wir verlangen nach mehr.

All das wird oft Gott zur Last
gelegt von uns, Dir und mir,
doch diese Schuld uns umfasst.

Klima ante portas[*]

Diesen Krieg führen wir
gegen einen alten Feind.
Wir haben ihn geweckt,
missachtend aller Gefahr.

Wenn *Baal gnädig* ist
und es *blitzt* und kracht,
bricht es über uns herein
wie einst Elefanten über Berge.

Wir, alle Warnung verkennend,
können da nur unterliegen,
wenn er uns umfasst
und im Kampf vernichtet.

---

[*] Im Verlauf des Zweiten Punischen Kriegs (218-201 v.Chr.) zwischen Karthago und Rom überschritt der karthagische Feldherr Hannibal Barkas mit seiner Armee, die auch Kriegselefanten mit sich führte, die Alpen. Man hielt dies bis dato nicht für möglich. Hannibal Barkas, dessen Vorname „Baal ist gnädig" und dessen Nachname „Blitz" bedeuten, schlug die Römische Armee mehrmals, unter anderem in der Schlacht von Cannae, wobei die Karthager diese mit ihren Truppen umfassten und vernichtend siegten. Rom konnte erst allmählich den Krieg für sich entscheiden, war jedoch lange von Unterwerfung und Vernichtung bedroht. „Hannibal ante portas" oder auch „Hannibal ad portas" wurde zum Sprichwort einer unmittelbar bevorstehenden Gefahr.

Menschen und Gewalten

Wir sind nicht zur Dauer bestimmt.
Der Menschen Wellen im Meer, die hinwegtreiben,
lediglich ein Funke, der im Moment verglimmt.

Reden über uns von beeindruckender Wucht,
wie wir die raue Natur zur Glätte reiben,
doch sind vor ihr nur auf der Flucht.

Maßen uns an, alles zu wissen und zu verstehen,
doch blicken nur wie durch beschlagene Scheiben
in die Welt und auf dortiges Geschehen.

Für große Dimensionen sind wir zu klein;
kolossale Gewalten werden unserer mündig bleiben:
Die Herrscher werden wir niemals sein!

Wir Kinder

Wir, Kinder von heute,
gebären
die Kinder von morgen.

Wir, Kinder von heute,
töten
die Kinder von morgen.

Wir Kinder von heute und morgen
stoßen an die Grenzen
einer grenzenlos entfesselten Welt.

Der größte Teil

Zum größten Teil
kennen wir uns selbst nicht,
wissen wir nicht, wer wir sind,
sind uns fremd, ganz gleich,
ob bekannt oder nicht.

Zum größten Teil
führen wir uns auf
als ob wir alles wüssten,
uns wirklich kennen würden,
wie ein Theaterstück.

Zum größten Teil
von der Menschheit,
dieser Welt, diesem Leben,
Anmut und Alptraum zugleich,
zurückgestoßen, angewidert.

Zum größten Teil
kann ich
für den größten Teil
alles und
nichts.

Neue Aufklärung

Wir müssen wieder nachdenken
über unser Wollen und Streben,
das, was wir wirklich brauchen.

Wir müssen wieder streiten
mit uns selbst, begründen;
mit Anderen, verstehen.

Wir müssen wieder selbst bewerten,
was wir denken, was wir wollen,
denn der Markt sieht das nicht.

Wir müssen wieder zu uns finden
und verändern und verbessern,
egal zu welchem Preis.

Inhalt

Über den Autor

Alessandro Stephan, geboren 1997 in Landau in der Pfalz, studiert Germanistik und Betriebspädagogik an der Universität Koblenz-Landau am Campus Landau. Er schreibt Lyrik und Prosa.

Seit Mai 2018 ist er Redaktionsmitglied der „La-Uni", dem Landauer Universitätsmagazin, im April 2019 wurde er zum Chefredakteur gewählt.

Er ist Mitglied im Literarischen Verein der Pfalz e.V.

Veröffentlichungen unter anderem 2017 in zwei Anthologien (unter dem Pseudonym Peter Corant) und 2019 in „Neue Literarische Pfalz Nr.45".

Weitere Informationen unter
alessandrostephan.wordpress.com

Über die Illustratorin

Paula Regine Erb studiert seit 2017 Angewandte Theaterwissenschaft an der Justus-Liebig-Universität Gießen.

Neben verschiedenen Performances entstanden auch Video- und Audioarbeiten sowie Fotografien. Erb arbeitet sowohl alleine als auch im Kollektiv.

Dies ist ihre erste Arbeit als Illustratorin.

© Laura Orchner

Danksagung

Zunächst möchte ich mich bei meiner Mutter, meinem Bruder, meiner Oma und meinem Opa, kurz meiner Familie für ihre immerwährende Unterstützung und Liebe bedanken. Zusammenhalt ist eines der größten Geschenke. Ohne Euch wäre ich nicht der, der ich bin. Danke!

Weiterhin möchte ich mich bei meinen Freundinnen und Freunden, ob aus der West- oder Südpfalz, ob mittlerweile verstreut in der Welt, bedanken, die mich auf vielen Wegen begleitet haben und begleiten. Ihr macht das Leben lebenswert, lacht und verzeiht. Danke!

Besonders bedanken möchte ich mich bei Paula Regine Erb für ihre großartigen Illustrationen in und an diesem Band, die dieses Buch sehr schön werden ließen und zu weiterem Nachdenken, weiteren Deutungsmöglichkeiten einladen. Danke!

Auch Bastian Stock gilt mein Dank für das Foto, das Coverdesign und seine Unterstützung beim Layout und der Werbung rund um den Band. Danke!

Vielen Dank auch dem Literarischen Verein der Pfalz e.V., besonders der Sektion aus Landau in der Pfalz, welche es mir ermöglichte, erste Erfahrungen bei Lesungen machen zu können. Danke!

Ich danke außerdem der Stadtbibliothek Landau in der Pfalz für die Möglichkeit, Bilder in ihren Räumen machen zu dürfen, sowie Books on Demand für die Möglichkeit, diesen Band veröffentlichen zu können. Danke!

Mein letzter Dank gilt Ihnen, liebe Leserinnen und Leser, liebe Zuhörerinnen und Zuhörer, die Sie diesen Band lesen, vielleicht gekauft haben, die Sie mir bei Lesungen interessiert zuhören und im Nachhinein Lob und Kritik aussprechen.

Ich habe es bereits 2019 in Freinsheim gesagt und es gilt auch weiterhin: Schreibe ich allein, bleibt es unfertig – vollkommen wird es erst durch Ihr Hören, durch Ihr Lesen.
Und dafür möchte ich Ihnen danken!

Alessandro Stephan im Frühjahr 2020

Textnachweise

Die folgenden Gedichte erschienen zwischen Mai und November 2018 in der La-Uni, dem Landauer Campusmagazin:

Keine Angst und Bange. La-Uni Nr.235, vom 07.05.2018 • Extreme. La-Uni Nr. 238, vom 12.11.2018 • Wir wussten alles. La-Uni Nr. 238, vom 12.11.2018 • Blut und Boden. La-Uni Nr.238, vom 12.11.2018 • Widergeburt. La-Uni Nr.238, vom 12.11.2018